Pierre Giersch

LES MYSTERES DE BUHL
Une Mythologie Familiale

ESSAI

Editions KDP

Citations

So sitz i an dr Wagla stell
's sin gmolti roti Maie dra !
Wie bini en dr Armüt rich
Wie lügt mi alles so heimelig a
Dü bisch jo mi !

Ainsi je suis assise près du berceau en silence
On y a peint des fleurs rouges !
Que je suis riche dans ma pauvreté
Que tout me regarde d'un air familier
Tu es à moi !
(Nathan Katz)

J'attribuais le refus de revoir
la ferme de mon enfance à la peur
de voir mon mythe faussé
le bush où j'ai été élevée
la vieille maison de terre et
d'herbes, les terres entourant
la colline, les animaux, les oiseaux
Un mythe ne signifie pas quelque chose de
faux mais une concentration de vérités
(Doris Lessing)

Remerciements

Sélestat 2010

Un grand merci à Françoise Guéguéniat pour sa lecture, ses corrections et ses précieuses remarques.

Préface

Pourquoi ces Mystères ?

C'est la volonté de décrire, sous forme de mythologie familiale, la vie, l'esprit de gens simples, de gens pauvres si on prend en compte les standards d'aujourd'hui, qui m'a incité à redécouvrir la vallée de Guebwiller, le Florival.

La période choisie, les années 30/40 :

- le début de la fin de l'aventure industrielle de la vallée. La crise économique et plus particulièrement du textile, entraînant des fermetures d'usines comme à Buhl (1400 ouvriers et employés licenciés).
- les prémisses du front populaire - les rouges et les noirs, l'influence de l'Eglise catholique très conservatrice et ayant tardé à prendre le parti des ouvriers avec néanmoins des réalisations sociales remarquables (les patronages pour les enfants, les syndicats ouvriers, les cercles ouvriers, les cercles catholiques).
- la montée du nazisme; l'autonomisme.
- les activités économiques parallèles, grâce à la forêt toute proche, aux Vosges, telles que la cueillette de champignons, baies, plantes alimentaires et pharmaceutiques.
- un véritable paradis par la beauté des paysages.

J'ai surtout choisi de symboliser la dualité corps et âme - extérieur/intérieur - par le retable de Buhl que j'ai connu, pendant les 18 ans d'une enfance et d'une adolescence passées à Buhl, sous une « croûte noire ». Derrière cette « croûte » se cachait un chef d'œuvre que je propose de découvrir.

C'est surtout un prétexte pour imaginer les relations complexes entre des « gens de peu » et une œuvre d'art et au-delà avec la culture, la vie. *D'Kender solles amol scheener ha !* - les enfants doivent avoir une vie meilleure - disaient mes parents. Ça voulait dire quoi ?

Liste des personnages

Les personnages centraux sont
Henri Giersch (Henri)
Joséphine Giersch née Schuller (Finnala)

1. August Giersch sergent du 2° Esc. à Breslau en Silésie. A immigré avant 1870 comme gendarme à Dannemarie.

2. Giersch Paul Hugo né à Militsch arrondissement de Breslau en 1876 venu à Dannemarie avec ses parents August et Anna Rosina père de Henri ; baptisé protestant....oui....oui... oui métier menuisier; mort alors que Henri avait 12 ans.

3. Elise Giersch née Hossenlopp, mère de Henri ; morte alors que Henri avait 2 ans.

4. Tante Finn : Joséphine Mundinger, sa sœur est la deuxième femme de Giersch Paul Hugo. Les enfants en 5. 6. 7. ci-dessous sont issus de ce mariage et sont donc des demi-frères et soeurs de Henri.

5. Armand Giersch le parrain, habitait à Mulhouse.

6. Anne Giersch épouse Hassenfratz habitait à Oberhergheim.

7. Marie Giersch épouse Frick habitait à Pfaffenheim.

8. Joseph le grand-père. Joseph Schuller né Hammerer du nom de sa mère célibataire, reconnu par mariage avec un Schuller six ans plus tard. Né au Felsenbach, petite vallée à Lautenbach-Zell.

9. Virginie la grand-mère née Ehkirch à Soultzmatt, épouse Schuller.

10. Marie, épouse Kohler soeur de la Finnala et mère de Maria la marraine.

11. Joseph Kohler époux de Marie, de profession électricien, père de Maria la marraine.

12. Maria fille de Joseph et Marie Kohler La marraine est restée célibataire.

13. Georgette : née Kalt, épouse Tissot. C'est la première fille qui a eu le bacc à Guebwiller. Une des premières aussi à oser le divorce. Henri et Finnala l'ont souvent consulté sur beaucoup de points concernant l'hygiène et la philosophie de vie. Henri, licencié de l'usine Rogelet a travaillé comme aide-maçon pour la modernisation de sa maison.

14. Oncle Fritz et tante Madeleine, d'origine allemande et parents adoptifs d'Armand le parrain.

15. Les Hiltenbrand. Henri à douze ans a trouvé refuge chez eux à la mort de son père alors qu'il était orphelin.

16. Jérome Bildstein maire socialiste de Buhl; battu aux élections par une conjonction entre « cléricaux » et communistes. On lui a imputé une affaire de détournement de fonds publics dont le coupable était en fait le secrétaire de mairie.

17. Walter Théphile : propriétaire du Restaurant de la gare et de ce fait bien informé de ce qui se passait à Buhl.

18. M. Hauss : personnage imaginaire.

19. Albert : personnage imaginaire.

20. Rony de Scherwiller : personnage imaginé par moi lors de l'inauguration du Mac'Do de Sélestat.

21. Isidore Schwaller quasi voisin de Henri et de Finnala. Isidore était propriétaire d'une entreprise de peinture et très attentif aux problèmes sociaux.

22. Oscar: personnage imaginaire.

Une petite maison entre Enfer et Paradis.

Jugement dernier du retable de Buhl

Dans la petite maison, la fête

L'adoration des rois mages du retable de Buhl

Nativité du retable de Buhl

Scène de la flagellation du retable de Buhl

La guerre, c'est l'enfer

La guerre à Buhl

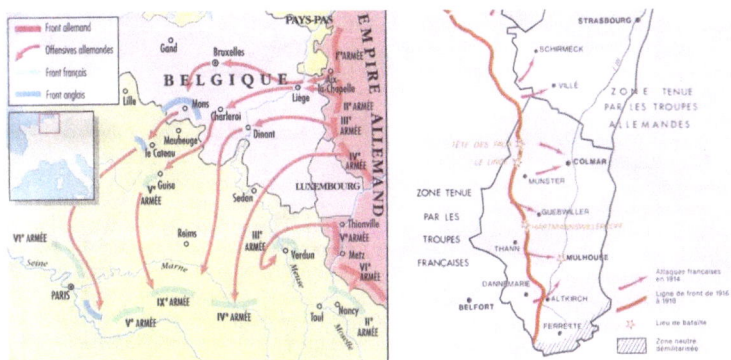

Rétable d'Isidore

Rétable d'Isidore fermé

Le mystère d'un reposoir

L' Humanisme à Sélestat mis en scène par Dr René un S'Emilie

La super dispute de Sélestat

Extrait Hortus Deliciarum Simone Schultz page 76

Extrait Hortus Deliciarum Simone Schultz page 94

Dürer : Aqurelles et dessins Ed. Friedrich Piel page 85 Erasme deRotterdam

Dürer : Aqurelles et dessins Ed. Friedrich Piel page 65 tête d'un nègre

Extrait Hortus Deliciarum Simone Schultz page 81

La reine *Portail sud de la cathédrale de Strasbourg*

Le petit mendiant, à l'image du Christ
s'est fait pauvre pour enrichir les hommes.

François, le mendiant magnifique de Jean Egen

www.ingramcontent.com/pod-product-compliance
Lightning Source LLC
Chambersburg PA
CBHW050931290526
45792CB00002B/976